kansi

Sid Sirkia

AINA MATKALLA

SID SIRKIA

Osat yksi ja kolme

SISÄLTÖ

5

6

7

8

9

10

11

12

13

OSA YKSI

LAPSUUDESSA

Saimi ja Harri meren rannalla viipyi,

Lauttoja rakennettiin, Robinson Crusoe inspiroi.

Leikeissä vaatteet päällä kastuivat,

Roskiksista dyykattiin, aarteita löytyi, mutsit huokaisi.

Tapiolassa juoksuhautoja sodan ajalta,

Sotaleikit raikuivat, huudot kantautuivat kauas.

Metsässä syksyisin fikkareiden kanssa juostiin,

Lumilinnoja talvisin rakennettiin, lumisotia käytiin.

Kynttilöitä lumilinnoihin vietiin,

Eskimot lumisilla porteilla komeili.

Kiven sisään lumipallo piilotettiin,

Itkuilta ei säästytty, kun kipeästi osui.

Eräänä talvena Marokkoon matka vei,

Tädin kanssa seikkailuun, maahan kauas.

Laivalla Tukholmaan, potkurikoneella Malagaan,

Turvamies tarpeen, varkauden pelko häilyi ilmassa.

Saimi kameleilla ratsasti, pääskysiä ihmetteli.

Suomeen palattuaan tarhantädin pilkkaa kohtasi.

Afrikkaan matkan valehtelijaksi kutsuttiin,

Täti Aila selvitti, totuus valkeni, potkut tarhantädille koitui.

NUORUUDESSA

Sändi katseli ympärilleen, uteliaana tutkien,

Ruoholahti teollisuuden humussa kylpi.

Lepakkoluola, Liekkihotelli, tarinoita täynnä,

Alkoholistien kanssa jutusteli, kuunteli elämän käänteitä.

Tuomareita, lääkäreitä, yhteiskunnan sivuraiteilla seilaajia,

Sodan jälkeiset jääneet, tarinoita rikkaita.

Sändi mietti, voisiko itsekin tarinoitaan kertoa,

Elämäntaipaleen koukeroita, uskomattomia seikkailuja.

Perhon ravintolakoulu Etu-Töölössä, leivän tuoksua täynnä,

Ranskanleipä juuri uunista, seitsemän penniä maksaa.

Litran piimä, Eau de Gologne, "kolina" he ostivat,

Kolinan leivän päälle kaatoivat, piimää hörppivät,
päivä alkoi.

RAKKAUTTAKO

Tytöt ihastuivat Sändiin, hurmaantui heistä jokainen,

Tyttöystäviä joka sormelle, jokaiselle varpaallekin.

Seurustelun ja esitysten viehätys lumosi,

Sändin tanssitaidot teattereita, ryhmiä ja TV:tä kiehtoi.

Työtarjouksia sateli, palkkiot suhteellisen hyvät,

Mutta menotkin, ne olivat kuninkaan mukaiset.

Ravintoloissa Sändi nautti, taksilla aina kulki,

Performanssiryhmässä tuttavuudet teki, Mikkeen ja Veskun kanssa.

Vanha Kuppila oli kohtaamispaikka, esiintymispaikka,

Siellä ystävät kokoontui, siellä tarinat jaettiin.

Karate- ja nyrkkeilytreeneissä Sändiä kutsuttiin Samiksi,

Kulttuurista kaukana porukka, arkiset jutut kiinnosti.

Happy Days-ravintolaan treenien jälkeen suuntasivat,

Muutamilla palauttavilla kaljoilla iltaansa päättivät.

ETEENPÄIN

Happy Days -baarilla suuri terassi komeili,

Kolmikerroksisen rakennuksen katolla se lepäili.

Keskellä kaupunkia, puisto avoinna edessä,

Teatterista suoraan baariin, yhteys heidän välillä.

Viittasiko nimi menneeseen, tulevaan vai nykyhetkeen?

Samin mielessä se ei merkitystä saanut, hän vain nautti hetkestä.

Tuoppi kädessä, baarimikon kaataessa hanasta,

Sami, 18 vuotta ja 3 kuukautta, nuori ja vapaa.

Tanssitunnilta tullut, punttisalilla piipahdus tehty,

Nyt Happy Daysin terassilla hän istui, treenikassi vierellä.

Hikiset vaatteet, pyyhe ja shampoo, kaikki mukana,

Ja 275 markkaa taskussa, seikkailuihin valmiina.

Teatteri- ja performanssiesityksissä kunnostautunut,

Nyt työttömänä, mutta kevään ensi lämpimät päivät houkutteli.

Huhtikuun alku, aurinko paistoi, terassit täyttyi,

Sami istui Happy Daysissa, hetken kauneudesta nauttien.

TUKHOLMAAN

Vuosikymmen vaihtui, 80-luvun alku kajasti,

Tukholmaan suunnattiin, kahdella laivayhtiöllä
matkaa asti.

Viisikko valitsi Viking Linen, halvemman
vaihtoehdon,

Terminaalista kansipaikat, uni tuskin tulisi
matkan aikana kohtaan.

Pullot Tax-Freestä, kannelle nauttimaan,

Saunaan, baariin, discoon, iltaa viettämään.

Mahdollisuus neiti-ihmisen viereen hyttiin, mutta
ei siitä sen enempää,

Satamaan Södermalmille saavuttiin, krapulassa
tai humalassa kulkivat mieli.

Slussenille rantaa pitkin matka jatkui,

Kaljatölkit käsissä, suomalaisia kohtasi.

Muutama olisi aikaa tappaakseen siellä roikkunut,
Rapakuntoista porukkaa, ajatteli Sami.

Tunnelbanaan ja Tekniska Högskolanille jäätiin,
Matka jatkui kohti seikkailuja, uusia elämyksiä
etsien.

ADIDAS

Stockholm Östran juna-asemalta vanhaan, 50-luvun tyylinen "Trollebana"-junaan hypättiin,

Kuin elokuvasta, romanttinen matka Djursholmiin lähti liikkeelle.

Paikka kuin Ruotsin Beverly Hills, yksi rikkaimmista kunnista,

Tulevaisuutta pohdittiin junassa, duunia Samille hankittava.

"Vuokran ja pilven osan maksamaan", Vilu tokaisi nauraen,

Vodkaa laukusta kaivoi, kehonrakentaja ja poke, yökerhojen sankari.

Vittumainen ruotsalaisille asiakkaille, mutta suomalaisille ihan ok,

Ryypyt pullosta otettiin, muut matkustajat eivät välittäneet.

Jore ja Sauros, uudet Adidas-verkkarit ja kengät jalassa,

Ruotsalainen tuttu oli pöllinyt ja myynyt halvalla.

Sami mietti päissään, muuttamassa Ruotsiin asumaan,

Kielitaitona vain koulun ruotsin kielen tunnit, mutta se riittäisi.

DUUNIA ja ELÄMÄÄ

Ensimmäinen duuni Maraboulta, päivittäin Sami
kassi täynnä suklaata toi,

Pelkällä makealla eli, mutta sitten tuli nälkä,
pakko oli saada tukevampaa.

Sadan kruunun sääntö poissa, lupa varastaa
tuntui,

Kaupasta ruokaa alle sadalla, ei kauppias
soittanut poliisille vaan otti takaisin.

Sami ei jäänyt kiinni, sisäfilepihvi housuissa ulos
käveli,

Maraboulle pitkä duunimatka, Trollebanalla ja
Tunnelbanalla, sitten Pendeltågettiin vaihto.

Puolitoista tuntia matkaan, Sami viihtyi
Maraboulla muutaman viikon verran,

Liksa käteen ja bailaamaan, discoon Vilun pokena.

Ruotsin kieli sujui jo jotenkin, tukholmalaiset
tytöt finnien katselua kesti,

Kimppataksilla kotiin aina myöhään yöllä, tai
aikaisin aamulla.

Eräänä aamuna herätessä, Huvikumpua katsoessa
Sami laski montako,

Kolmekymmentäyhdeksän tyyppiä, suomalaisia ja
ruotsalaisia, yöksi oli tullut.

Hasispiippuja, tupakantumppeja, kaljatölkkejä ja
viinipulloja joka paikassa.

Seuraava duuni Kuninkaanlinnassa, tiskarina
apuna lounaskiireeseen,

Tummansininen haalari, Kuninkaanlinnan
tunnuksin koristeltu.

Korkealuokkaista, pehmeää kangasta, haalarit
olivat,

Liukuhihnalta tiskiä ladattiin pesukoneisiin,
duunia riitti.

Työntekijät saivat samat ruuat kuin salissa tarjolla oli,

Samin ei tarvinnut ostaa kotiinsa mitään, töissä vatsa täyteen sai.

Haalarit vietiin Huvikumpuun, bileet siellä pidettiin,

Ruotsalaismimmi lainasi haalareita, Sami harmistui.

Neljä viikkoa Kuninkaanlinnassa tiskaamassa,

Hyvien ruokapatojen ääressä, uusia haalareita ei tohtinut varastaa.

Sami ja Hallikainen, vapaa päivä heillä,

Aamuaurinko paistoi, lämpöä riitti selkäpuolella.

He lepäilivät pihalla, pelkät shortsit päällään,

Aurinkotuoleissaan, varaston aarteet löydettyään.

"Lähdetään tutkimaan ympäristöä", Sami ehdotti,

"Fillarit odottavat, varastossa ne odottavat."

He vetivät paidat päälle, hihat poistettuina,

Kumit täytettyinä, naisten fillareillaan.

Marimekon olkalaukussa, jointit ja kaljatölkit kera,

"Siinä marilaukku", Halli naurahti, iloissansa.

He kiersivät rikkaiden asuinaluetta,

Päätyen pienen järven rannalle, ilman kiirettä.

Kioskia kohden, neidot hiekkarannalla lepäilivät,

Yläosat paljaina, auringon lämmössä he ylpeilivät.

Muutamia äitejä, lapsineen rantaveteen pulahdellen,

Hiekkarannan takana, sauna lämpöinen kutsuen.

Sami ja Halli, jointti ja laukku kainalossaan,

Saunaan suuntasivat, yhteinen hetki vapaanaan.

Halli oven avasi, huudahtaen ilosta,

"Sauna kuumana, ja ei ketään, täällä hetken silloista."

DEBBIE

Rehkiessään hikisenä kuntopyörällä Sami vilkaisi nuorta naista,

Sydän melkein pysähtyi, kun huomasi hänet.

Parikymppinen nainen, täydellinen kopio Debbie Harrystä,

Sami oli aina pitänyt The Blondie-yhtyeestä ja Debbie Harrystä!

Miten uskaltaisi lähestyä, mietiskeli Sami,

Mutta ei, ei siitä mitään tulisi, Sami päätti ja suuntasi pukuhuoneeseen.

Pukuhuone oli yhteinen naisten ja miesten kesken, hurraa Tukholma!

Sami oli ilkosillaan, kun Debbie tuli vaihtamaan vaatteitaan.

He katsoivat toisiaan, hymyilivät,

Sitten Sami veti vaatteet päälleen ja lähti ulos, pää pyörällä.

Duunissa käynti jatkui, mutta ajatukset vain Debbiessä,

Kuntosalilla unelmiensa naista ei enää nähnyt.

Olisi pitänyt heti mennä juttelemaan, mietti Sami,

Mutta nyt se oli sitten siinä.

Sami, yksinäinen, mielensä mietiskellen,

Ei paljoa muiden kanssa, talossa asuvien seurustellen.

Eräänä iltana kaupungille lähti hän,

Södermalmilla kapakkaan eksyi hän.

Livemusiikkia, pari kaljaa juoden,

Kun sisään käveli Debbie, häntä kohtaan huomio kohoten.

Debbie, tai oikeammin Erika, pöydän luokse astui,

"Hei, mä olen Erika", hän Samille lausui.

"Sami", vastasi hän, "istu alas, jutellaan vaan",

Alkoi keskustelu, kummankin ollessa juttutuulellaan.

Sami kertoi punttisalilta etsineensä tätä,

"Olen ollut matkoilla", vastasi Erika, heidän jutellessaan retkeä.

Aamulla Sami Hallonbergenissä heräsi,

Erika asui siellä, unestaan hän virkosi.

Ei mitään tapahtunut, sohvalla hän nukkui vain,

Viiniä juoden, koko yön he keskustelivat näin.

Sami, pienoinen kanuuna, mutta hyvällä tuulella,

Treffit punttisalille he sopivat, ilman kiirettä suunnitella.

Punttiksella rehkien, nauraa he nauroivat,

Yhdessä suihkuun, katsoivat toisiaan, sanat unohtuivat.

Vaatteet niskaan vedettiin, taksiin he astuivat,

Erikan asunnolle he ajelivat, hymyillen matkaa katsoivat.

"Saaneeko kutsua sua Debbieksi?", Sami kysyi lempeästi,

"Saat, olen sen kuullut aikaisemminkin", vastasi Debbie iloisesti.

Aamulla vuoteessa herätessään,

Sami kertoi Debbielle menneisyydestään,

Nuorena Saimiksi kutsuttu hän oli,

Pienikokoinen, monien silmissä hän oli.

"Et kovin pitkä ole vieläkään", Debbie naurahti sille,

"Sukupuolettomuus vetoaa muhun, se on seksikästä, myönnän sen iloisesti".

"Anna mä meikkaan sut", Debbie ehdotti sitten,

Sami hymyili, suostui, heidän välillään oli
kaikenlaista kiinnostusta ja yhteenkuuluvuutta.

OMENOITA

Syksyn saapuessa omenat alkoivat kypsyä,

Jätkät kävivät omenavarkaissa, naapurien puut
tyhjentyivät.

Bileitä pidettiin Huvikummussa, omenapiirakkaa
leivottiin,

Oksasen veljekset tekivät omenaviiniä, Sami pysyi
hieman sivummalla.

Sami ja Debbie tapailivat epäsäännöllisen
säännöllisesti,

Ei lupauksia, mutta he viettivät aikaa yhdessä
Hallonbergenissä ja Huvikummussa.

Kiinnostavat tiedot Djursholmin verotuksesta
saapuivat,

Miljonäärejä ja städareita, eli siivoojia, oli
Huvikummun asukkaiden joukossa.

SÄKKIKANGAS

Sami päätti ottaa aikalisän ja mennä kaljalle,

Hän kävi pankissa nostamassa kaikki rahansa, jätti menemästä koulutukseen.

Muutaman kaljan jälkeen Sami lähti kävelemään Kungsgatania pitkin,

Ja näki armeijan ylijäämävaraston myymälän, sisällä tutki vanhoja vaatteita ja tarvikkeita.

Hän löysi merimiessäkin, vahvaa kangasta olevan,

Siihen mahtuivat kaikki Samin tavarat, ja vihreän armeijan takin, kuin elokuvasta.

Ostosten jälkeen Sami suunnisti kohti Djursholmia,

Meni omasta sisäänkäynnistä huoneeseensa ja istahti hetkiseksi.

Avasi merimiessäkin, työnsi sinne vaatteensa ja irtaimistonsa,

Sekä kirjoitti lapun, jätti sen kahvinkeittimen viereen, ja lähti.

KOMMUUNISSAKO

Kulki nuorukainen matkallaan,
Säkki selässä, armeijan takki päällä vaan.
Junasta Kööpenhaminassa hän astui pois,
Christianiaan suunta oli, tie vei kotiin pois.

Kyseli tietä, ohjausta ystävällisiltä,
Renaultin kyytiin pääsi, matka alkoi vilkkaalta.
Kommuunissa kasvisruokaa hän maistoi,
Jointteja poltellen hetken hän laistoi.

Illalla kapakassa sattui tapaaminen,
Suomalaiset taiteilijat, matkaamassa menossa maineen.
Mikke tunnettu, esiintynyt ennenkin,
Festival of Foolsille, Amsterdamiin matkaaminen alkoi virneen.

Transitin ahtaaseen kyytiin hän liittyi,

Uuteen seikkailuun ystävien siivittämänä kiiti.

Säkki selässä, unelmat mielessään kirkkaat,

Nuorukainen matkallaan, kohti tuntematonta
tulevaisuuden taakse.

DELEGAATIO

Sami vastasi: "Olemme kulttuuridelegaatio Suomesta,

Ja matkalla Amsterdamiin", virkailija viittasi ajamaan sivuun.

Kääntyi yllättäen, antoi passit takaisin, tokaisi: "Menkää".

Muutaman kilometrin päässä Mikke palasi ratin taakse.

Matka jatkui läpi Saksan, sujui oivallisesti,

Kunnes saavuttiin Hollannin rajalle, ja sama uusiksi.

Jusa tavaroiden alle piiloon, virkailijat virnuilivat,

Eivät olleet niin pelottavia, naureskelivat vain suomalaiselle delegaatiolle.

"Salakuljetettiin Jusa Euroopan läpi", Sami mietiskeli,

Seikkailu jatkui, kohti tuntematonta, ystävien rinnalla tielle uudelleen.

ESITYSTÄKÖ

Tervetuloa Dammiin, missä kaikki on korkeaa,

Pitkä mies vastassa, yli kaksimetrinen, hoikka raaja.

Kadulla kävelijät kaikki korkeita, pitkiä,

Sami hymyili huvittuneena, mikä tällä maalla lienee syy.

"Hollantilaiset maailman pisin kansa", Mikke heitti,

Asuvat meren pinnan alapuolella, pituutta lienee siitä riitti.

Jurgen hoiti asuntolaivan, kodikkaan ja kirkkaan,

Suihku, keittiö, telkkari, musiikki – kaikki valmista viihtyisyyttä.

Edessä purjevene valkoinen, kuka siellä asuu?

"Ei kukaan", vastaa Jurgen, Mikke ja Sami
tarttuvat veneeseen tuumaa.

Oman avaimen he saavat, varoitus mukaan lukita
ovi,

Muuten varastetaan kaikki, täällä ei leikitä kovin
hovin.

Pari päivää esitykseen, täydenkuun hulluja he
esittäisivät,

Tutkivat kaupunginosia, punaisten lyhtyjen ja
cafe-shopien tietä he kuljettivat.

Melkveg, Milkyway, kulttuurin kehto ja
konserttipaikka,

Marty, festivaalin johtaja, suosittelee space-cakea,
nauraa päin naamaa.

Kahvilassa istuskellessa Sami ja Mikke tarttuvat
kakkuun,

"Tekevät tehonsa", kerrotaan, kunhan niitä vain
muistaa ottaa maltilla.

Kaduilla kävellessä pamahtaa pää, eksyvät he,

Kanaalit tutkalla, neljä aamuyöllä, aikaa hukkuen
ja ilmassa kuhisee.

Veneelle saapuessaan Mikke pudottaa avaimen,

"Perkele", hän huokaa, "tästä kerrotaan
myöhemmin", ääni veden yllä humisee.

JUNALIPPU

Rautatieasemalla nuoren naisen kohtaa,

Lisa nimeltään, elämäänsä hän kertoo.

Sami hämmentynyt, mutta pian huomaa,

Nainen kiinnostunut, haluaa tuntea.

Esityksen Milkywayssä hän nähnyt on,

Kysyy Samilta, lähde drinkille, oi kuinka hän
onkaan!

Junalippu Pariisin kädessään hän pitää,

Flaksi käy, mutta Sami vielä epäröi.

"Toiste kyllä", hän vastaa, lähtö illalla yöjunaan,

Takaisin veneelle, ajatukset pyörivät kuin sumu.

Merimiessäkki täyttyy tavaroista,

Asuntolaivalle koputtaa, Jurgen avaa ovea.

Avain katoaa, kanaaliin pudonnut on,

Jurgen auttaa, ei hätää, hän tietää mitä tehdä on.

Magneetin kanssa Jurgen ongiskelee,

Vartti kulunut, kunnes hymy nousee meidän
mieleen.

Avain löytyi, magneettiin tarttunut se oli,

Juhlan aihe, ei enää hätää, se unohtui kovin.

PARIS

Gare du Nordin asemalle Pariisin,
Säkki kädessä, Sandi tähyili ympäriinsä.

Veksiä etsien hän istui penkillä,
Pariisissa myöhässä, niin hän arveli.

Vihdoin Veksi ilmestyi, anteeksi pyysi,
Metroon ja junalle, ystävät matkalla.

Becon Les Bruyeres, kolmas pysäkki heille,
Ostoksille lähikauppaan, iltaa varten teille.

Asunto suuri, jokaisella oma huone,
Keittiö valtava, tilaa monelle joukolle.

Sandi saa levätä, Veksi kiirehtii tiehensä,

Koululla hän käy, palaa myöhemmin viehkeänä.

YSTÄVÄT

Sandi heräsi metelöintiin käytävällä,
Nousuhumalaiset ilonpitoon koko lailla.

Oliko hän nukkunut koko päivän vai,
Tarpeeseen tullut lepo, se oli selvää kai.

Keittiöön joukko valmisti ateriaa,
Erilaisia makuja yhteen sekoittaa.

Pariisilaisia, italialaisia, ja muita kaukaa,
Ruokaa valmistaen, iloa ja rauhaa.

Sandi esitteli itsensä, otti punkkua lasiin,
Pöydässä istuen, unohti hetkeksi masennuksen.

Yö kului laulaen, jutellen ja nauraen,

Maailmanparantajien joukossa elämä sujui
hienosti vauhdillaan.

Seuraavana päivänä vieraat häipyivät koteihinsa,

Paitsi viisi, jotka jakoivat kommuunin unta ja
unelmiaan kaikin.

Jack ja Sandi ystävinä jäivät,

Mustan huumorin jakajina elämänsä kaipasivat.

OMA TUPA

Kattohuoneistossa, pienessä kaksiossa,

Omilla huoneilla, mutta ilman keittiötä, oisiko se roska?

Vessat ja suihkut käytävällä sijaitsivat,

Arkipäivän askareet siellä hoidettiin aamuin illoin vaivatta.

Ylimmässä kerroksessa kolme asuntoa pientä,

Opiskelijoita ja muita köyhiä, arjen taistelijoita kiireistä.

Näkymät ikkunasta olivat huikeat, suoraan Eiffel-tornille,

Maisemista nauttiessa arjen hetket unohtuivat hetkille.

Mukanaan he toivat vedenkeittimen ja pienen kaasulieden,

Kattiloita, joissa valmistivat aamupuuroa ja pastaa illan vieden.

Espressokeittimen myös, vaikka kahvia ostettiin kahviloista,

Pikkuinen varuste auttoi arjen askareissa.

Aamuisin tarkistettiin, ettei mitään unohtunut mukaan,

Ei rappusia tarvinnut koko ajan kavuta ylös alas, ei ollut syytä huokailla ja huokailla.

Pakarat pysyivät tiukassa kunnossa,

Portaat tarjosivat aamulämmittelyä, tärkeää kuntoilua tällä hetkellä.

ETEENPÄIN II

Marseillessa yö vietettiin puistossa, tähtiä
katsellen,

Patonkia, juustoja, ja punkkua maistellen.

Mirris haki salaattia, Natsku toi kinkkurullan,

Sami vahti tavaroita, linkkuveistä taskussaan.

Punkkupullo aukaistiin kengän avulla,

Puun kylkeen hakaten, kunnes korkki ponnahti
ulos, ei niin julmaa.

Marseille saattoi olla vaarallinen maineeltaan,

Mutta heitä ei häirinnyt kukaan, ei edes poliisit
lain.

Aamulla takaisin juna-asemalle, kohti
Barcelonaan suuntaa,

Rajamuodollisuudet, tarkastukset matkalla junalla mukana.

BARCA

Barcelonan juna-asemalta El Ravalin suuntaan,
Kaupungin sydämessä, kapeilla kaduilla kuljetaan.

La Rambla erottaa Gothigin ja El Ravalin,
Kivijalkakaupoissa kaikkea tarjolla, halvalla ja
paljon.

Natskun ex-tyttöystävän yksiöön yöksi,
Sohvalta Samille paikka, uniin pimeyksi.

Baariin viiniä juomaan, tapaksia maistamaan,
Sardiineja, oliiveja, mustekalan renkaita
tarjoamaan.

BASKIT JA MAA

Madridissa hotellihuone, keskustan tuntumassa,

Kaduilla Real Madridin kannattajia, derbyssä
hurmaa.

Estadio Santiago Bernabeu, ottelu kuumuudessa
käy,

Ilma sakeana saasteista, jalkapallon huuma
yllättää.

Muutaman päivän Madridissa, sitten Bilbaoon
matka jatkuu,

Baskimaan kulttuuria, vakavampaa ja
hiljaisempaa kuin muualla kuuluu.

Punkkareita ja hevareita, mutta Sami mahtuu
joukkoon,

Junalla sitten Monacoon, matka jatkuu vaihdellen
junan tuokoon.

RIKKAAT

Monacossa sänkypaikka pienestä hostellista
löytyi,

Huone jaettava viiden muun reissaajan kanssa,
vessat käytävällä nököttivät.

Arvoesineiden kantaminen mukana tuntui
turhalta,

Kaapeissa ei lukkoa, luottaminen kiertolaisiin
epävarmaa.

Satamassa luksusveneitä katsellen aika kului,

Biljonäärit niillä hienostelivat, tutustumaan ei
päässyt kukaan ulkopuolinen.

Kasinolla kauluspaidalla sisään, hintataso korkea,

Pari päivää riitti, Sami kyllästyi, seikkailu
jatkukoon muualle.

GENOVA

Rannalla istuskeli Sami, kivien suojassa,
Merelle katsellen, rauhaa tunnossa.

Nukkui hetken, kun ääniä kuuli takaapäin,
Nousi ylös, katsomaan, mikä olikaan näin.

Tunnelin suulla nuoret, neljä heitä siinä,
16-vuotiaita, heroiinia suoneen siinä.

Suurkaupungin ongelmat, rantabulevardilla näky,
Keskiluokan äidit, muotivaatteissaan työnteli
lastenvaunuja,
äänet hyräilyä täydessä syö

PIHVI

Ravintolan keittiössä Sami ahkerasti puuhas,

Pilppoi, leikkas ja kastikkeet maustoi kuumassa.

Pihvien paistossa taitava hän oli,

Misaaminenkin sujui, kuin ammattilaisen oli.

Vapaapäivinään Leilan auton lainasi,

Pikku kylissä ajelemaan mielensä tyytyväiseksi
sai.

UC Sampdorian matsit Genovassa kutsui,

Rantakävelyillä perheet viikonloput sujuivat, kun
äitien juorutusta ja lasten leikkiä kuunneltiin.

Cinque Terren kansallispuisto, kaunis ja kiehtova,

Kalastajakylät viidessä, maisemat vertaansa vailla.

MAATILA

Lopulta Veronan kukkuloille he saapuivat,

Saksalais-suomalainen pariskunta siellä asusti ja lauloi.

George oli discon omistanut Saksassa,

Mutta Italiasta hän löysi maan, jossa elämästä nauttia saa.

Maatilallaan he eläkkeellä viihtyivät,

Elämäänsä Italiassa he onnellisina viettivät.

Sami päätti ravintolasta lopputilin ottaa,

Eväskassiin tavaroitaan he sitten pakkaamaan saivat.

Italian halki he ajoivat, seikkailu mielessä,

San Marinon ja Venetsian turistirysät he nähdä
toivoivat nähdä.

Lopulta saapuivat Veronaan, George'n maatilalle,

Kukkuloiden keskellä, oliivipuiden ympäröimänä,
elämä oli kuin sadusta, ei siinä kahta sanaa.

KIVINEN AITTA

Vanha satavuotinen talo modernisoitiin,

Talliin matkan päässä eläimet asusti, siellä niitä
hoiti.

Lampaat, hevonen, lypsykarja ja kanat,

Ne tallissa elivät, luontoa hoitivat ja antoivat
kantojaan.

Sauna vanhaan kiviseen aittaan rakennettu,

Kuumuutta se tarjosi, löylyjä antoi, rentoutumista
tuotti.

Sadat oliivipuut, viiniköynnökset ja kukkaketo,

Pihalta rinteeseen asti loistivat,
luonnonkauneutta säteili ne.

George heidät tervetulleeksi toivotti,

Viinikarahvi, juustot ja leikkeleet odotti.

Italiaa ja saksaa George puhui,
Englantia auttavasti, yhteistä kieltä löytyi.

PUITA

Koko päivän Sami oli puiden latvoissa,

Oliivit putoilivat verkkojen alle, joiden alla maa oli.

Illalla saunaan hän pulahti, lämmöstä nauttien,

Sitten pöydän ääreen, missä odotti herkullinen ateria.

George, taitava kokki, loihti ruoat pöytään,

Lampaanviulua tai muutama kana paistettuna tarjolla oli.

Seuraavana aamuna kaikki alkoi taas alusta,

Satoja puita odotti, niiden oksia ravistamaan.

Välillä piipahti kyläkapakkaan,

Vanhoja miehiä siellä istui, grappaa siemaillen.

Pontikkaa, vahvaa ja pahan makuista,
Humalan huminassa takaisin talolle palattiin.

Sami ja George, kielimuurin takana,
Silti kaikki sujui, lampaistaan George huolehti.

RAUHAISAA

Sami nautti maalaistyöstä,
Illat tähtitaivasta tarkkaili rauhassa.

Ei telkkaria, ei radiota,
Luonnon äänet riittivät hänelle.

Kun oliivit oli poimittu, öljyksi muutettu,
Sami päätti jatkaa matkaa pohjoiseen.

George heitti hänet tien reunaan,
Sami nosti peukalonsa pystyyn, odottaen kyytiä.

POHJOISEEN

Ensimmäinen kyyti oli hevimetallin tahdissa,

Vanha auto, ikkunat puoliksi auki, sade kastoi matkassa.

Beaves and Butthead -tyyliset, päännyökkäilyt jatkui,

Innsbruckiin heitä matkaan vei, musiikin soidessa suuresti.

Wienerschnitzel Innsbruckissa, olutta kera,

Sitten Müncheniin saksalaisen perheen seurassa.

Makkaroita, olutta, Lapin kuvat pojan huoneessa,

Suomi oli heille rakas, metsässä he viihtyivät.

Aamun valjetessa autobahnille Sami jäi,

Yhdeksänpaikkainen Mersu vei eteenpäin, lujaa ja vikkelään.

Pysähdyttiin huoltoasemille tankkaamaan,

Seurue kuin avaruudesta, sekaisin ja iloinen tunnelma.

POIJOISEEN II

Berliinissä Kreuzbergissä Sami viihtyi,
Klubeilla ja baareissa vapaata tunnelmaa maistoi.
Nuhjuiset paikat, vaihtoehtonuorisoa täynnä,
Hyvä fiilis, iloinen ja vapaamielinen meininki.

Yöjunalla kohti Gdanskia Puolaa kohden,
Saksan ja Puolan rajalla juna seisoi tuntikausia.
Rajavartijat tarkastivat, etsivät jotain,
Passit vilkkuivat, lopulta matka jatkui eteenpäin.

Gdanskissa odottamaton kohtaaminen tapahtui,
Martyn, hollantilaisen, tuttu festivaaleilta ilmestyi.
Suippopäiset korvat, värikkäät vaatteet ja tötteröhattu,
Puolalaiset väistelivät, mutta Marty suuntasi kohti Suomea.

Hän suunnitteli matkaa Ship of Fools-
teatteriryhmän kanssa,

Idea oli mielessä, joskus toteutua saisi.

Helsinki

Kaupunki muuttui, Samin palatessa,

Kahvilat, pubit, uusi ilmapiiri kattautuivat
pöydissä.

Kavereiden sohvilla viikot kuluivat,

Kunnes oman kämpän hän vuokrasi, vapauden
huokuivat.

Postitusfirmassa hän työskenteli,

Mainoksia niputteli, päivät pitkät kuljeskeli.

Viikonloppuisin ja arkipäivinä ahersi,

Keskustan konttorit puhtaiksi siivosi, ei uupunut
hän pelkäksi.

Eräänä maanantai-iltana päätös syntyi,

Tanssiopistolle edistyneille tunnille hän kiiruhti.

Tutut huusivat, "Sandi, miten menee?",

Hän vain nyökkäsi, matkoistaan kertoen ei vähääkään tienneet he.

Tunnin jälkeen koreografi häntä lähestyi,

Ja pian tanssiteatterin produktioon hän liittyi.

Toinen duuni toisesta tanssiteatterista pian saapui,

Ja Kaupunginteatterin suurproduktioon hän pääsi, iloiten ja taivaanrannan maalaten.

Mainoksissa, pitkissä leffoissa hän loisti,

Televisiossa projekteissaan hän nosti esiin roiski.

Sandi, taiteilija, tanssin siivittämä,

Matkoiltaan palannut, uuden elämän luomaan hänet päättämä.

OSA KOLME

TULEVAISUUDESSA

Sade syleili lasia hiljaa,

Kosteus hiipi, tahtoen sisään päästä,

Tuulen ujellus, tuskin kuultava,

Sam, 75, istui mietteissään, ikkunaan päin.

Työpöydän ääressä kylpytakissa hän istui,

IBM-näppäimistöä naputteli, 70-luvulta kotoisin.

Sähkökirjoituskone, säilynyt ihmeen kaupalla
ehjänä,

90-luvulla löydetty, värikasetteja harvoin saada.

Kirjoitusliuskoja kasautui pinoon vierelle,

Työhuone pieni mutta kodikas, täynnä historiaa.

Kirjahyllyssä klassikoita ja vanhoja lehtiä,

Alakaupunki vilisi ikkunasta päin, valoa täynnä.

Huonekalut vanhoja ja kuluneita, mutta puhtaita,

Osan löysi kadulta, rikkaiden hylkäämiä aarteita.

Torstaisin kello yhdeksän jälkeen, huonekaluja katuun,

Niin oli tapana, menneiden aikojen kujilla Uptownissa.

2

Kaaoksen keskellä elämän kulkua,

Samanthan tarinaa unohduksen suvulla.

Kohtaamisia, tapahtumia, kerrontaa kirjataan,

muistojen virta, joka soljuu sanoin saavutaan.

Espressopannu porisee, kaasuliedellä tanssii
liekki,

muistoja kaivellaan, unohduksista leikki.

Vanhan kaasulieden luona hän seisoo,

sytytintä etsien, menneitä muistaa peilaten
meissä.

Ei uutta, vaan vanhaa, missä tarvitaan tulta
sytyttimen,

muistot heräävät, elämän sattumanvaraisuus
lyhtyjen.

Kirjoituskoneen vieressä lojuu väline unohtunut,

Samanthan matka muistojen lähteelle kuitenkin auki murut.

Kevyet villasukat askelta johtavat työpöydän luo,

kirjoittamisen äärelle, missä tarinat suvun tuo.

Muistin ja unohduksen solmut auki aukeavat,

Samanthan elämän kudelma, jossa jokainen kuitu vaikuttaa.

Niin oli tai ei, usein hänelle näin kävi,

muistot ja hetket, kudelmaa elämän kävi.

Sanojen taikaa hän kantaa, muistojen karttaa piirtää,

Samanthan tarinaa, joka sanojen syvyyksiin kiertyy, kukoistaa ja siirtyy.

3

Kahvipannun ritinä täytti tilan,

Sam istui nököttäen, katse vaipuneena valoon.

Höyryt kiertelivät, kuuma kuppi porisi,

espressokahvi valmista loihtien.

Kulho lämmin, kädet sen ympärillä,

villasukat sihisten, askel kevyt tiellä.

Vanhan takan varjoissa tarina kiehtova,

menneiden muistojen laineilla Sam seilaa.

Entinen tanssija, sadoilla tunneilla taakkaa,

näyttelijä pienissä rooleissa, kiertueilla ja raakaa.

Kissamainen liike, keveys askeleiden,

off-off Broadwayn taikaa, kaipuu valheiden.

Kirjoittamisen taikaa, muistojen keräämistä,

elämän säveliä, menneiden kiertämistä.

Sanojen voima, muistin kultaista käärittää,

Sam seisoo kirjoitusten äärellä, menneitä
seuraten niittä.

Kirjoittaakseen, muistaakseen, elämän kudelmaa,

tarinoitaan jakaa, menneiden hämärää tutkia.

Kahvikuppi kädessään, Sam taivaltaa ajassa,

sanojen taikaan kietoutuneena, muistojen
virrassa.

4

Kahvin ja keksien lomassa Sam istui,

viininpunaisella tarjottimella herkut hän nappasi.

Kauanko aikaa kului, vaikeaa arvata,

kuin muistojen kietoutunut valtava matka.

Hän kirjoitti muistilapun, itselleen varmasti,

kupin vei keittiöön, tiskialtaaseen kaatamalla asti.

Kukkaro kourassa, kohti makuuhuonetta suuntasi,

säätilan tarkisti, ikkunan läpi kesäisiä säteitä katsasti.

Valtavat liukuovet avasi, peilien loisteessa hehkui,

vaatekokonaisuuksia, aarteita, vuosikymmeniä pehmeästi selviytyviä.

70-luvun tyyliin pukeutui, Halstonin suunnittelema,

siniset avokkaat, turkoosit housut, huivi ja
lierihattu, virtuaalinen muotinäytelmä.

Vuokko-merkkinen laukku olalleen hän nosti,

sävy sävyyn kaikki, kesäpäivä loisti.

Kylpytakki harteiltaan hän riisui,

mustat pikkuhousut ja aluspaita paljastui.

Peilin edessä hauras, läpikuultava keho,

vaatteet päälleen lennossa, kuin tanssin
liikehohto.

Sam valmis oli, elämä edessä avoinna,

kesän tuuliin hän astui, tarinoitaan rakentaen.

5

Pitkä käytävä, seinillä taidetta monenlaista,

muistojen kuvia, elämän kirjavaa maailmaa taivasta.

Puinen kävelykeppi lepäsi seinää vasten,

Sam sen nurin potkaisi, hämmästellen katsellen.

"Ehkä en ole koskaan tätä tarvinnutkaan",

hän mietti, kepin takaisin asettaen taas paikalleen.

Ovelle astuessa turvaketju poistui,

olkalaukussa avaimet, hän niitä kosketteli huolellisesti.

Peili ovensuussa, kasvojen heijastus siinä kirkas,

tunnistusskanneri, joka avautui napsauksen virkkaus.

Sam katseli itseään, ajatusten sotkua selvittäen,

oven auetessa, tulevaisuuteen askeltaen,
unohduksen verkkoa selvittäen.

6

Ovi aukeni Samin edessä,

vastapäätä keräilijän ovi kiinni jäi kaikesta
iloisuudesta huolimatta.

Naapurin kasvot unohtuneet olivat,

pitkästä aikaa ehkä tavanneet eivät.

Portaat alas hän laskeutui hitaasti,

jokaisella tasanteella vain kaksi ovea, kulkua
valvova tahti.

Kauppalista mielessä pyöri,

askel askeleelta hän alaspäin tyyniä kiiri.

Ala-aulassa automaattiovet läpinäkyviksi muuttui,

kadulle ne hänet päästivät, sateen kastelematta
kuin hohti.

1930-luvun talo punatiilinen, tarinaa kantava,

New Yorkin sydämessä seisova, menneisyyden alueilla raivaava.

Rappuset vielä edessä, jalkakäytävälle ne laskeutui,

päivän seikkailut odottivat, elämän virta siinä jatkui.

Sam astui ulos, katse kohti tulevaa suunnattuna,

kaupungin sykkeessä hän jatkoi, tarinoiden solmuihin kurkottavana.

7

Lämmin tuulenvire leikki Samin hatussa ja
huivissa,

hänen täytyi niitä pidellä, etteivät lentäisi kauas
tuulessa.

Kulman taakse saavuttuaan Sam hämmentyi,

missä hän oli, sitä hän ei ymmärtänyt tänään.

9th Avenueta alas, Manhattanin vilinää kohden,

mutta ympäristö oli vieras, tämä oli uudenlainen
tohina.

Kadut olivat paikallaan, mutta rakennukset
outoja,

Samin sisimmässä pieni hämmennys kutoi
juttuunsa.

Katse harhaili ympäristössä, joka oli kuin unessa,

Manhattanin sydämessä eksynyt, mutta
tavoitteensa hän tiesi.

Kohti tuntematonta, jatkoa matkalle hän etsi,

seikkailun äärellä, uusiin tarinoihin hän avoimin mielin asteli.

Arriba Arriba ja O' jotakin, kulmat täynnä
tarinoita,

meksikolaisen maun ja irlantilaisen humalan
iloita.

Avenuen toisella puolella Shechuan-tyylinen
houkutus,

kylmät nuudelit seesamikastikkeella, Samin
suosituksia muutti.

Muistot heräävät ravintolan ovien takaa,

meksikolaisten mausteiden, irlantilaisten laulujen
pakahduttavaa rytmiä.

Kiinalaisen keittiön tuoksut kietoutuvat
ympärilleen,

nuudelien makujen matkaa hän muisteli syvälle
uneen.

Dollarin ateria, mutta muistoissa kultaakin kalliimpi,

Shechuan-tyylinen herkku, jota Sam usein haki mielin valloin.

Kulmat Manhattanin, tarinoiden solmujen keskellä,

hän asteli kohti tuntematonta, menneisyyden muisteloita kantavaa selkäänsä hellästi.

9

Avenueta ylittäen Sam kulki länsipuolelle,

katsoi valojen vaihtumista, odotti kävelijöiden
vuoroa.

Mutta suojatien maalaukset hohtivatkin, yllättäen
kirkkaat,

kadun kummalliset ilmiöt hämmästyttivät, Samin
mieltä vahvasti kirkastat.

51st Streetin yli hän astui, kohti pohjoista kulkien,

muistellen menneitä, paikkoja ja tilanteita
sulatellen.

Shekkien vaihtopiste ja vedonlyöntipaikka,
kulman käänteessä ne,

katseet kääntyivät häneen, läpinäkyvät maskit
kasvoilla kysymysmerkkeinä.

Sam istahti metallilaatikolle, hengästyneenä ja
raskaasti,

kummallinen ilmapiiri ympärillä, putket ja äänet vieressä jatkuvasti.

Hän katseli ylöspäin, putket risteilivät taivaan kantta,

Manhattanin mysteerejä, tarinoita jotka aikojen kantaa.

Metallilaatikot pyörivät jalkakäytävillä,

mainoksia täynnä, kulkivat hitaasti kuin
päivätöillä.

Ravintoloita, kauppoja, pesuloita mainostivat,

Sam hämmästyi, katsoi kulkua silmillä loistaen.

Laatikko, jonka päällä hän istui, lähti liikkeelle,

kohti Lincoln Centeriä se vei, Samin mieltä
vahvasti virittäen.

Amsterdam Avenueksi 9th Avenue muuttui
matkalla,

Sam istui kyydissä, pitäen kiinni ja huiviaan
hulmuten tasaista vauhtia halki ajan ja avaruuden
maan.

Liikenneympyrän kohdalla laatikko kääntyi
Broadwayn suuntaan,

Sam seurasi matkaa, hymyillen ympärilleen kuin valaistunut kuu kajossa kimmeltäen.

Lincoln Centerin kohdalla hän nousi kyydistä,

katsoi ympärilleen, pesulan kylttiä päällä oli kyytiä antava lista.

11

Kulttuurikeskus ja Juilliard School kimmelsivät läpinäkyvässä kuplassa,

ihmiset liikkuivat vapaasti, suojanaamarit unohtuneet matkan taakse.

Siellä, missä Sam oli ennen esiintynyt, nyt hän seisoi,

muistot ja tuntemukset virtasivat, menneisyyden varjot yllä velloi.

Kauppaan Sam oli matkalla, mutta takaisin kävellen hän lähti,

St Luke's & Roosevelt Hospitalin ohi, ihmiset viittoilivat sairaalan sisältä hänelle päin.

Ystävällistä eleet, Sam vilkutti takaisin,

mutta kaupan sijainti mielessä hän mietti, missä se oli, etsien kadunpätkää kivenheiton päässä.

A&P supermarketin kohdalla seisoi moderni
rakennus,

lasiseinät tylyinä, ilmeetön kaiku välillä
uumenien.

Sam ylitti 9th Avenuen itäpuolelle,

väistellen liikkuvia laatikoita, ihmisiä katsellen.

Elintarvikekioski houkutteli, Sam sisään astui,

lasin takana myyjä, hämmentynyt ilme päällänsä
kantoi.

Puolikalju myyjä, punoittava pää,

argentiinalaista Malbecia, suolakeksejä, espressoa
ja emmentaljuustoa Sam häneltä pyysi.

Pullon ja pakettien myyjä hänelle ojensi,

luukku poksahtaen, kaupan syntiä helliten.

Iloisena Sam kioskista ulos astui,

kotiin päin kauniisti liikkuen, hyräillen hiljaa
mukaan laulua huuliensa huipuilleen kantoi.

13

Sam tunsi heikotusta ja hengenahdistusta
saapuessaan kotiovelle,

ulkona ovi avautui vaivatta, hän nojautui seinään
kiinni houreelleen.

Ensimmäiselle rappuselle hän istahti,

hetki lepoa, voimat keräten, mieli raskaiden
ajatusten vangittuna istui vaiti.

Kotiin sisälle, tavarat keittiöön hän kantoi,

suihkuun, virkistystä haki, hän itsekseen päätteli.

Kylpyhuoneessa, vanha tassuamme,

kylmät ja kuumat suihkut vuorotellen, mielen
kaaosta huuhtoen pois altaan.

Kylpytakki päälle, viinilasi käteen,

punaviiniä ja juustoa, herkkujen matkaan mukaan
pala taivasta täyteen.

Työpöydän ääreen hän istahti vihdoin,

voimat uupuneet, ajatukset matkalla unen lintuin.

"Päästinkö kissan ulos?" hän vielä kysyi,

syvään uneen vaipui, mielen rauhaan hän liukui.

Kustantaja: BoD · Books on Demand GmbH, Helsinki, Suomi
Kirjapaino: Libri Plureos GmbH, Hampuri, Saksa
ISBN: 978-952-80-8438-9

Milton Keynes UK
Ingram Content Group UK Ltd.
UKHW031144121124
451094UK00006B/479

9 789528 084389